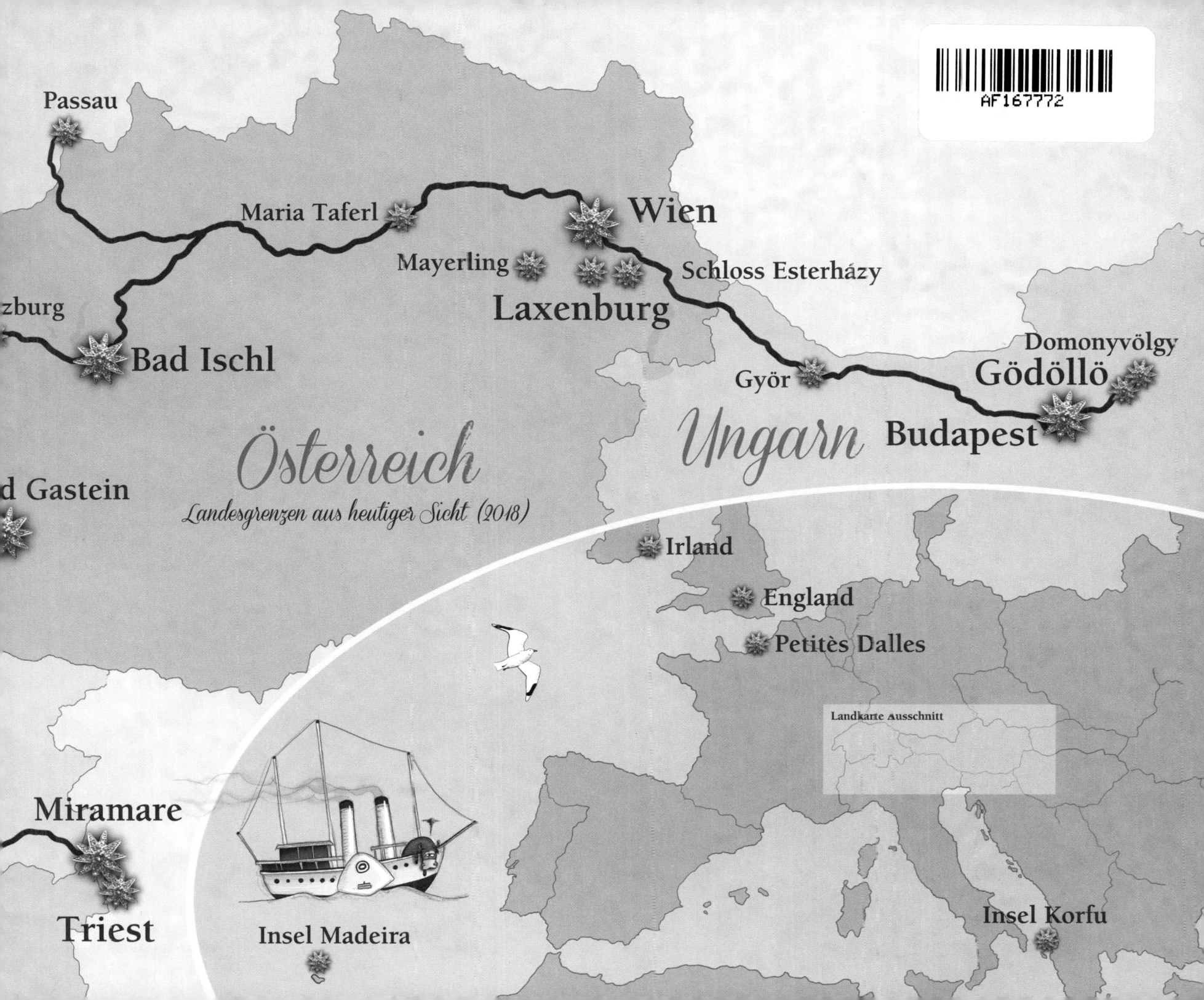

Passau

Maria Taferl

Wien

Mayerling

Schloss Esterházy

Laxenburg

zburg

Bad Ischl

Domonyvölgy

Gödöllö

Györ

Ungarn

Budapest

Österreich

Landesgrenzen aus heutiger Sicht (2018)

d Gastein

Irland

England

Petitès Dalles

Landkarte Ausschnitt

Miramare

Insel Korfu

Triest

Insel Madeira

Liebe Leserinnen und Leser,

TRETEN SIE EIN IN DIE ZEIT UND IN DIE WELT, IN DER KAISERIN ELISABETH GELEBT UND GEWIRKT HAT.
DAS LEBEN VON SISI, WIE KAISER FRANZ JOSEPH SEINE GATTIN NANNTE, ODER VON SISSI,
SO WIE WIR ELISABETH KENNEN, WIRD IN DIESEM BUCH VON IHRER GEBURT
BIS ZU IHREM TOD REKONSTRUIERT UND NACHGEZEICHNET.
VIELE ILLUSTRATIONEN UND KARIKATUREN ENTSPRINGEN AUS ÜBERLIEFERTEN FOTOGRAPHIEN UND ABBILDUNGEN.
DIE AUSSAGEN DER KAISERIN SIND NICHT FREI ERFUNDEN.
SIE STAMMEN HAUPTSÄCHLICH AUS IHREM SELBST VERFASSTEN POETISCHEN TAGEBUCH.

Eine liebe, treue *Kaisergattin?*

Eine schlechte *Schwiegertochter?*

Eine *Fremde* am Wiener *Hof?*

Eine *Tierliebhaberin?* Eine *Rabenmutter?*

Eine *Schönheit?* Eine eingebildete *Kranke?*

Eine politisch *Uninteressierte?*

Eine *Ungarn-Freundin?* Eine *Spitzensportlerin?*

Eine *Reisesüchtige?* Eine *Einzelgängerin?*

Eine *Maßlose?* Eine *Eigensinnige?*

Eine *Poetin?* Eine sich *Langweilende?*

Eine *Rastlose?* Eine *Trauernde?*

Eine ewig *Jugendliche?*

Eine *Kaiserin* der *Herzen?*

„Es sind in Mama vielleicht die größten Widersprüche,
die nur überhaupt in einem Charakter vereint sein können.
Wenn das Gute und Wahre sich Bahn bräche – welch eine Frau könnte sie sein."

Marie Valérie, jüngste Tochter

„Sie ist ein Buch für mich, auf jeder Seite steht ein Rätsel."

Marie Festetics, Hofdame

5

WENN MICH JEMALS DIE ZEIT BERÜHRT, WERDE ICH MICH VERSCHLEIERN, UND DIE LEUTE WERDEN VON MIR SPRECHEN ALS FRAU, DIE ICH EINST WAR.

Geburt
am Heiligen Abend

Am 24. Dezember 1837 kommt im „Palais Max" in München ein Mädchen zur Welt. Die Hebamme zeigt den anwesenden Zeugen die kleine Prinzessin. Sie alle sind verwundert. Die Neugeborene hat schon einen Zahn. Dies ist ein besonderes Glückszeichen. Das Mädchen erhält den Namen seiner Tante und Taufpatin Elisabeth, der Königin von Preußen.

NACH LUDWIG UND HELENE,
WAS WIRD ES DIESMAL?
EIN BUB ODER EIN MÄDCHEN?

HUI, ICH FLIEGE WIE
EINE ARTISTIN!

KUCKUCK KUCKUCK

(TSSS) KINDER...
ZURÜCK AN EURE PLÄTZE! ES IST NOCH
NICHT 14 UHR!

KLIRR

NICHTS WIE WEG
VOM UNTERRICHT!.

Eine fröhliche Familie

Elisabeth lebt in München mit ihren Geschwistern Ludwig, Helene, Karl Theodor, Marie, Mathilde, Sophie und Max Emanuel. Der Privatunterricht dauert bis zwei Uhr am Nachmittag. Die Lehrer und Erzieher haben es nicht leicht, weil Lernen nicht zu den Lieblingsbeschäftigungen der Kinder zählt. Viel lieber toben sie durch die Gänge und Zimmer des Palastes. Elisabeth spielt gerne im Park und liebt es, im Privatzirkus ihres Vaters aufzutreten. Vater Max ist eine Frohnatur. Er ist viel auf Reisen und nur selten zu Hause.

WIR SIND ZUERST BEIM
ZIRKUSZELT!

Im Sommer am See

Den Sommer verbringt Elisabeths Familie auf Schloss Possenhofen am Starnberger See. In „Possi" gibt es – ganz im Sinne von Vater Max – keine fixen Regeln. Elisabeth und ihre Geschwister schreien und lachen, spielen „Blinde Kuh", schwimmen im See und reiten gemeinsam mit dem Vater aus.

Vor allem lieben sie ihre Pferde, Hunde, Kaninchen und Hühner. Zeitweise spielen sie sogar mit einem Reh und einem Lamm. Mutter Ludovika, der Ruhepol der Familie, macht sich bereits darüber Gedanken, mit wem sie ihre Töchter verkuppeln könnte.

9

JA, WELCHER PRINZ KÄME DENN FÜR UNSRE LISI IN FRAGE?

HOPPE HOPPE REITER, WENN ER FÄLLT, DANN SCHREIT ER!

JETZT HAB ICH DICH!

SCHAU MEIN KIND, EIN ZAHMES REH!

Kaiser mit nur 18 Jahren

Elisabeth ist elf Jahre alt, als in Wien die unzufriedene Bevölkerung gegen das Kaiserhaus demonstriert. Kaiser Ferdinand muss den Thron seinem erst 18-jährigen Neffen Franz Joseph abtreten. Elisabeths Tante Sophie ist sehr stolz auf ihren ältesten Sohn und macht sich auf die Suche nach einer standesgemäßen Gemahlin des jungen Kaisers von Österreich. Elisabeths Mutter Ludovika gibt 1853 voller Stolz bekannt: „Helene und Elisabeth werden mit mir im August nach Bad Ischl zu Tante Sophie reisen. Freut euch Kinder! Wir sind eingeladen, vielleicht wird auch der Kaiser kommen."

Bad Ischl
17.-19. August 1853

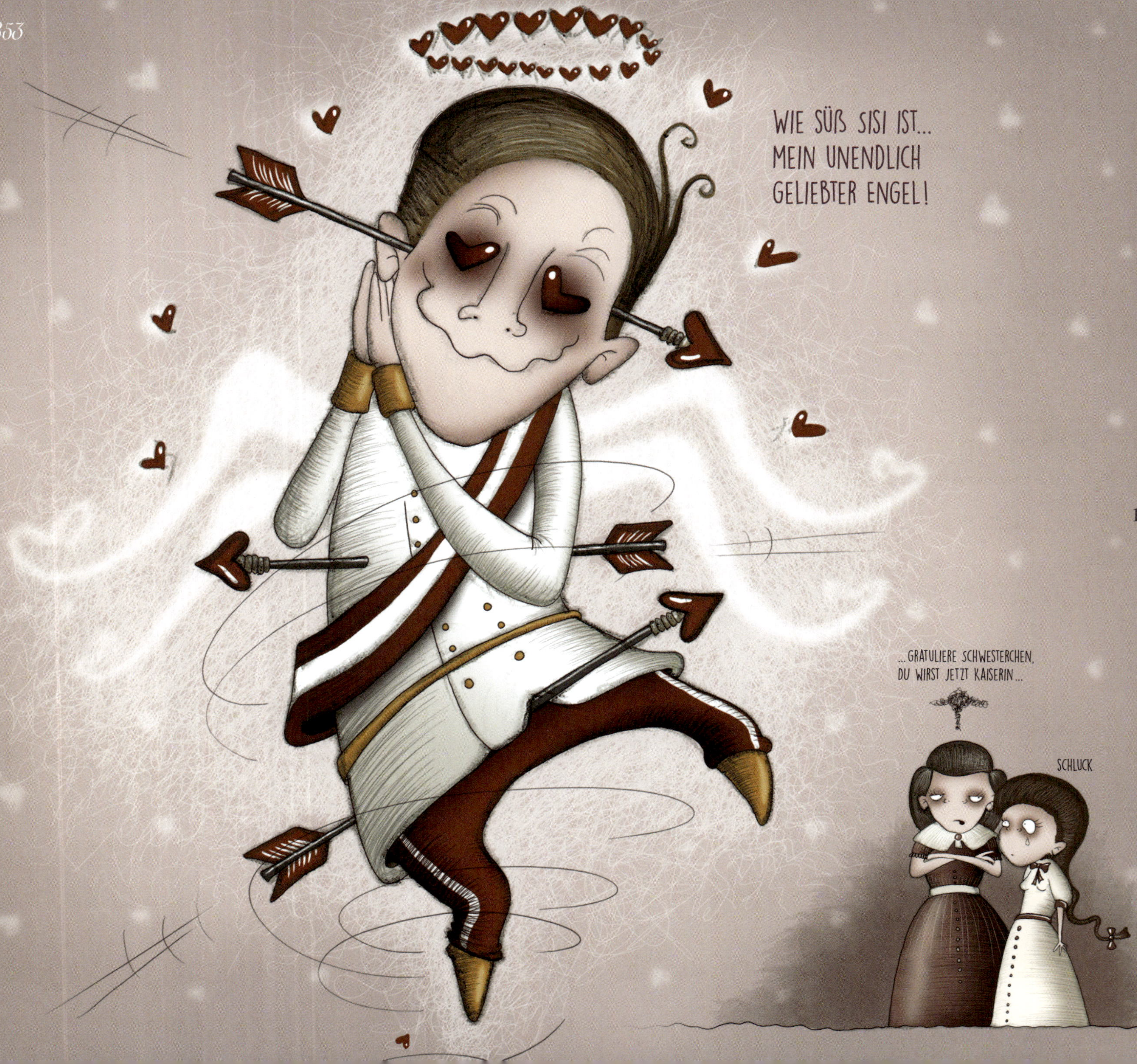

Verlobung auf den ersten Blick

WIR HABEN GLÜCK, DER KAISER IST DIESES MAL NUR AUF BRAUTJAGD!

SISI

In Bad Ischl* werden Helene und Elisabeth nach ihrer Ankunft vom Kaiser empfangen. Vom ersten Augenblick an kann Franz Joseph Elisabeths Liebreiz nicht widerstehen. Als er beim abendlichen Ball das unbekümmerte Mädchen zum Tanz auffordert, wird allen Anwesenden klar, was sich da gerade anbahnt.

Am nächsten Tag, dem 23. Geburtstag Franz Josephs, bittet er seine Mutter, Tante Ludovika zu ersuchen, ihrer Tochter einen Heiratsantrag zu machen. Auf Ludovikas Frage, ob Elisabeth den Kaiser lieben könne, antwortet sie in Tränen aufgelöst: „Ja, wie sollte man den Mann nicht lieben können? Aber wie kann er nur an mich denken, ich bin ja so jung, so unbedeutend."

Am Tag darauf wird Verlobung gefeiert. So verwandelt sich innerhalb von nur drei Tagen ein völlig unbedeutendes 15-jähriges Münchner Mädel in die Braut des Kaisers von Österreich.

3

---

* Die kaiserliche Familie verbringt die Sommermonate vorzugsweise in Bad Ischl. Erzherzogin Sophie erwirbt eine Villa als Geschenk für das Brautpaar und lässt sie bis zum Tag der Hochzeit mit großem Kostenaufwand ausbauen.

Märchenhochzeit in Wien

...DIE LIEBE DER KAISERIN SEI DEM KAISER IN MITTE SEINER
HERRSCHERSORGEN GLEICH EINER INSEL, WELCHE IN MITTE DER GRÖSSTEN STÜRME,
FRIEDLICH GRÜNEND DALIEGT, UND DIE LÄCHELNDE ROSE UND
DAS ANMUTIGE VEILCHEN KEIMEN LÄSST!

14

Nach der Blitzverlobung in Bad Ischl wird Elisabeth in den neun
Monaten bis zur Hochzeit intensiv auf ihre neue Rolle als Kaiserin vorbereitet. Auf der Tagesordnung steht ein dichtes Programm:
Unterricht in Französisch, Italienisch und Tschechisch sowie in
österreichischer Geschichte, die Verfeinerung der Sprache der vor-
nehmen Gesellschaft und das Erlernen des höfischen Protokolls
und der Kleiderordnung.
Am 24. April 1854 erstrahlen 15.000 Kerzen in der mit rotem Samt
ausgeschmückten Augustinerkirche in Wien. Tausend geladene
Gäste in ihren malerischen Uniformen und Festkleidern schenken
ihre ganze Aufmerksamkeit dem schönen Hochzeitspaar, das vom
Wiener Kardinal getraut wird.

Erste Audienz *mit* kleinen Pannen

Nach der Trauungszeremonie wird die junge Kaiserin von Tausenden von Schaulustigen entlang der Straßen Wiens neugierig angestarrt. Sie können nicht verstehen, warum sie anstatt einer vor Freude strahlenden Braut ein erschöpftes, ängstliches Mädchen zu Gesicht bekommen. In der Hofburg warten Generäle, Botschafter, Gesandte und deren Frauen, um einzeln der Kaiserin vorgestellt zu werden. Beim Anblick der vielen unbekannten Gesichter gerät Elisabeth in Panik. Sie flüchtet in ein Nebenzimmer und bricht dort in Tränen aus. Nach ihrer Rückkehr in den Saal herrscht absolute Stille. Elisabeth ist zu schüchtern und überfordert, all die hohen Gäste in angemessener Form anzusprechen.

8. Mai 1854

Einsamkeit

Zwei Wochen nach ihrer Hochzeit verfasst
Elisabeth folgende Zeilen:

Oh, dass ich nie den Pfad verlassen,
Der mich zur Freiheit hätt' geführt.
Oh, dass ich auf der breiten Straßen
Der Eitelkeit mich nie verirrt!

Ich bin erwacht in einem Kerker,
Und Fesseln sind an meiner Hand.
Und meine Sehnsucht immer stärker –
Und Freiheit! Du mir abgewandt!

Ich bin erwacht aus einem Rausche,
Der meinen Geist gefangen hielt,
Und fluche fruchtlos diesem Tausche,
Bei dem ich Freiheit! Dich – verspielt!

...am Wiener Hof

Hofdamen umringen die sechzehnjährige Kaiserin und bespitzeln sie auf Schritt und Tritt. Als erste Dame am Hof muss Elisabeth ihren Lebensalltag ganz nach den zeremoniellen Vorschriften regeln. Sie fühlt sich vorgeführt „wie ein Pferd im Geschirr". Bereits während der Flitterwochen im Schloss Laxenburg* geht Franz Joseph täglich seinen Regierungsgeschäften in Wien nach. Elisabeth ist viel allein und zieht sich immer mehr vom Hofleben zurück. Sie spielt mit ihren Hunden, reitet stundenlang aus und redet mit ihren Papageien.
Die fröhliche, unbeschwerte Lisi, in die sich Franz Joseph in Ischl verliebt hat, ist jetzt eine mutlose und kraftlose junge Frau.

...DOCH AM HÖCHSTEN MUSS ICH SCHÄTZEN, DASS KEIN TIER VERMAG ZU SCHWÄTZEN.

HECHELHECHEL

WARUM IST UNSER FRAUERL IMMER SO TRAURIG?

* Schloss Laxenburg ist ungefähr 20 km von der Wiener Hofburg entfernt. Die Hofregeln ließen es nicht zu, dass Elisabeth ihren Mann zur Arbeit nach Wien begleiten durfte.

WIE SAGT MAN SO SCHÖN: EGAL, WAS ES WIRD,
HAUPTSACHE DER BUB IST GESUND, NICHT?

Die Kaiserin erfüllt ihre Pflicht

Große Freude kommt auf, als im Frühsommer 1854 die Schwangerschaft der jungen Kaiserin bekannt gemacht wird. Elisabeth muss sich regelmäßig in den für das Volk geöffneten Garten begeben, um ihren Zustand der Öffentlichkeit zu „produzieren".

Nach den Töchtern Sophie und Gisela wird endlich der von allen so sehr erwartete Thronfolger Rudolf geboren. Elisabeth erholt sich nur langsam von den Strapazen von Rudolfs Geburt.

Wochenlang wird sie von Fieberschüben geplagt. Bereits ein Jahr zuvor, als ihre Erstgeborene Sophie plötzlich an einer Viruserkrankung verstarb, war Elisabeth in eine schwere psychische Krise gestürzt.

Rudolf wird, so wie auch seine Schwestern Sophie und Gisela, sofort nach der Geburt der Mutter weggenommen und der „kaiserlichen Kindskammer" übergeben.

Elisabeths Nervenkrisen, Weinkrämpfe und Hustenanfälle verschlimmern sich. Nach der Diagnose einer „Lungenaffektion" und „Halsröhrenschwindsucht" wendet sie sich an Franz Joseph mit der Bitte, den Winter in einem südlichen Klima verbringen zu dürfen.

Die Nachricht von der schweren Erkrankung der österreichischen Kaiserin geht um die Welt. Königin Viktoria von England stellt ihre Privatyacht für die Fahrt nach Madeira zur Verfügung. Bei der stürmischen Überfahrt sind fast alle Schiffspassagiere seekrank. Nur nicht Elisabeth. Sie fühlt sich so wohl wie schon lange nicht mehr.

Fast ein halbes Jahr lang verbringt Elisabeth auf Madeira die meiste Zeit mit ihren Ponys, Hunden und Papageien. In Gedanken versunken schaut sie aufs Meer hinaus, beklagt ihre Lage und vertreibt sich die Zeit mit Mandolinen- und Kartenspiel.

WIE SÜSS SISI IST...
EIN UNENDLICH
GELIEBTER ENGEL!

SUCHE KEINEN TROST VON AUSSEN,
SCHLIESS DEIN HERZ VOR ANDREN ZU!
HÄSSLICH WÜTEN DIE DA DRAUSSEN
UND VERGIFTEN DEINE RUH!

...DIE DA DRAUSSEN
VERGIFTEN DEINE RUH!

Elisabeths Forderungen an den Kaiser

Ich wünsche, dass mir vorenthalten
bleibe unumschränkte Vollmacht in allem,
was die Kinder betrifft, die Wahl ihrer Umgebung,
den Ort ihres Aufenthaltes, die komplette Leitung
ihrer Erziehung, mit einem Wort, alles bleibt mir
ganz allein zu bestimmen,
bis zum Moment ihrer Volljährigkeit.

Ferner wünsche ich, dass, was immer meine
persönlichen Angelegenheiten betrifft,
wie unter anderem die Wahl meiner Umgebungen,
den Ort meines Aufenthaltes,
alle Änderungen im Haus etc. etc.,
mir allein zu bestimmen vorbehalten bleibt.

Elisabeth

Der zweijährige Kronprinz Rudolf erkennt seine Mutter nach Elisabeths Rückkehr aus Madeira nicht mehr wieder. Er weint, wenn er mit ihr allein ist. An seinem sechsten Geburtstag werden die von ihm geliebten Kammerfrauen „Nono" und „Wowo" durch männliche Erzieher ersetzt. Für Rudolf bricht eine Welt zusammen. Das zarte, übersensible Kind – von seinem Vater abwertend „Krepierl" genannt – wird nun „scharf hergenommen", um aus ihm einen guten Soldaten zu machen.

Als Elisabeth erfährt, dass ihr Sohn bis zur Erschöpfung gedrillt wird, geht sie in die Offensive. Durch ein Drohschreiben an Franz Joseph erreicht sie, dass Rudolfs autoritärer Erzieher entlassen wird. Außerdem fordert sie, was „ihre persönlichen Angelegenheiten betrifft", künftig ein selbstbestimmtes Leben führen zu dürfen. Kaiser Franz Joseph muss damit rechnen, dass seine plötzlich selbstbewusst und energisch auftretende Frau bei der ersten Missstimmung Wien wieder verlassen wird.

HILFE, HILFE!!
NONO! WOWO!
HELFT MIR!

GRUNZ, GRUNZ

172cm

Schnitt **A**

DIE KAISERIN HAT
HEUTE **DRAMATISCH**
ZUGENOMMEN!

50kg

Schlank und Schön

Elisabeths Tagesablauf steht ganz im Zeichen ihrer Schönheit, der sie ihr neues Selbstbewusstsein am Wiener Hof zu verdanken hat. Ihr Tag beginnt um fünf Uhr morgens mit einem Ölbad und einer Massage. Der Morgengymnastik folgt ein knappes Frühstück. Für Haarpflege, Ankleiden und Schnüren werden täglich fünf bis sechs Stunden benötigt. Nach einem spärlichen Mittagsmahl geht es zum Reit- und Fechttraining. Das Nachmittagsprogramm endet nach einem ausgiebigen Spaziergang mit dem Frisieren und dem Umziehen. Lässt es der Terminplan zu, dann trifft sich Elisabeth um 19 Uhr mit ihrem Mann zu einem eiligen Abendessen.

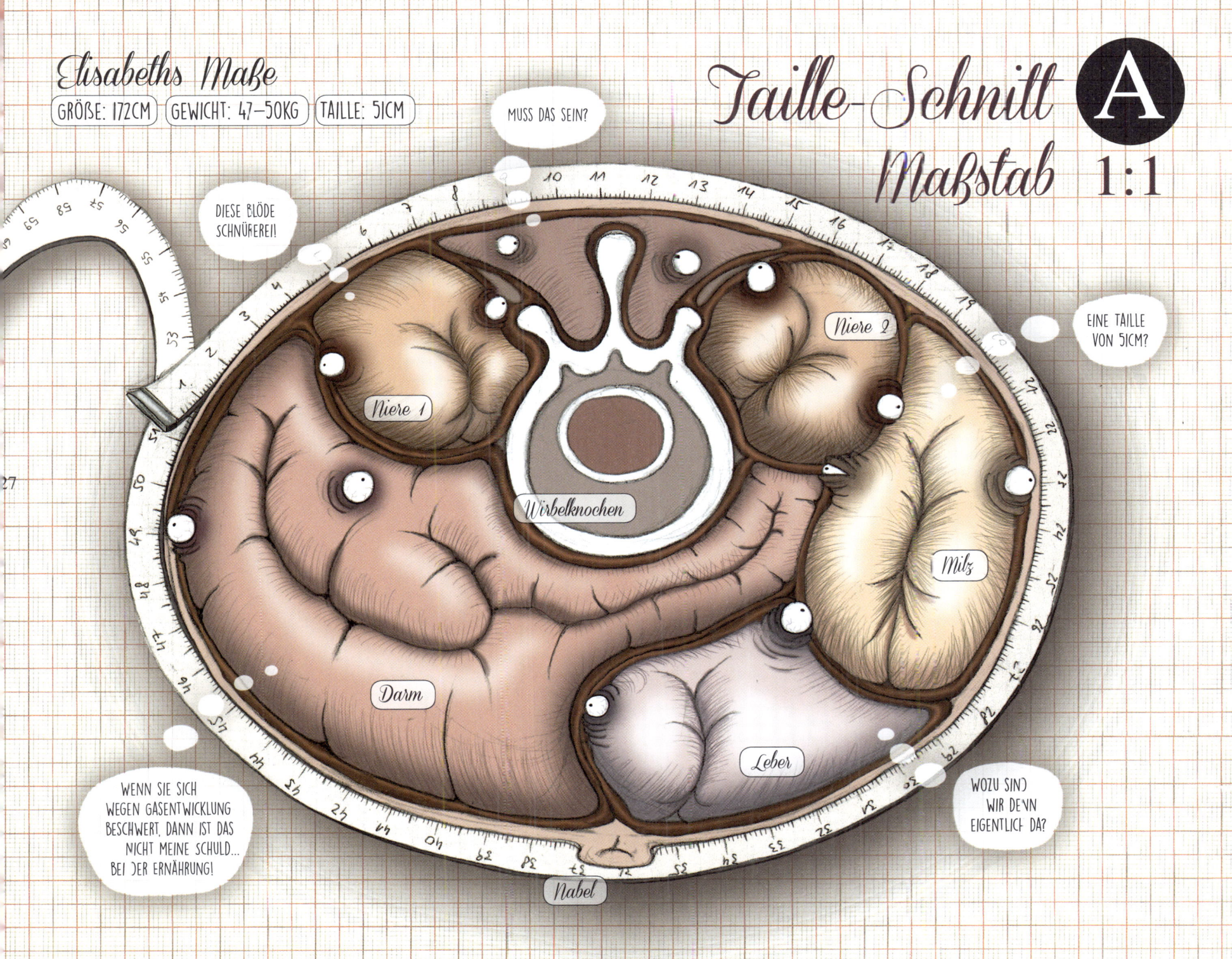

Endlose „Spazierläufe"

Um ihren Bewegungsdrang zu stillen, bricht Elisabeth regelmäßig zu ausgedehnten Spaziergängen auf. Im schnellen Schritt marschiert sie bis zu sechs Stunden lang. Neben ihr keucht eine Hofdame. Dahinter folgt in den Wintermonaten ein Kammerdiener, der Mantel, Jacke, Schal und Pelz, welche die überhitzte Kaiserin fallen lässt, aufheben und ihr nachtragen muss.

28

GNADE!!...EURE MAYSTÄT, GNADE!

...A SCHWARE PARTIE FIA MI!*

*...eine Schinderei für mich!

WENN DIE ERZHERZOGINNEN WÜSSTEN, DASS ICH IN DIESEM KLEID GETURNT HABE, SIE WÜRDEN ERSTARREN!

...zack

Geräteturnen...Fechttraining

Elisabeth hat in einem eigenen Saal der Hofburg verschiedene Geräte aufstellen lassen, an denen sie täglich turnt. Ein Augenzeuge erinnert sich: „Zwischen dem Salon und ihrem Bodoire waren Seile, Turn- und Hängeapparate angebracht. Ich traf sie gerade, wie sie sich an den Handringen erhob. An den Stricken hängend, machte sie einen phantastischen Eindruck wie ein Wesen zwischen Schlange und Vogel." Auch der Fechtsport macht der Kaiserin große Freude. Ausgerüstet mit einem kleinen Panzer, mit Fechthandschuhen und kurzem Rock trainiert sie regelmäßig mit ihrem Fechtlehrer.

ES WIRD SEHR SCHÖN, ANNA.
ES WIRD MICH SEHR FREUEN !!!

„Ich bin die Sklavin meiner Haare."

Weltweite Aufmerksamkeit erweckt die Kaiserin mit ihrer hoch aufgetürmten „Steckbrieffrisur". Alle 14 Tage findet der so genannte Kopfwaschtag statt. Da ist Elisabeth für niemanden zu sprechen, auch nicht für den Kaiser. Gewaschen werden die Haare mit einer Mixtur aus 12 Eidottern, französischem Cognac und einer Reihe von zusätzlichen Essenzen. Die anschließende Spülung aus Lavendelwasser soll die Durchblutung der Kopfhaut fördern. Elisabeth, der das stundenlange Stillsitzen schwerfällt, nützt die Zeit zum Lernen der ungarischen Sprache.

Um den Druck auf dem Kopf zu entlasten, lässt Elisabeth ihre Haare an die Zimmerdecke hängen. Beim Schlafengehen wird das Haar gleichmäßig auf dem Bett verteilt, damit es nicht durcheinandergerät.

A HAJAM RABSZOLGÀJA VAGYOK.*

*Ich bin die Sklavin meiner Haare.

König Ludwig von Bayern...

König Ludwig ist nicht nur mit der österreichischen Kaiserin verwandt, er fühlt sich mit ihr auch wesensverwandt. Nur Elisabeth kann seine Träumereien und Fantasien verstehen, wenn er ihr in seinen Briefen als „Adler" schreibt und sie ihm als „Möwe" antwortet. Regelmäßig lässt der bayerische König ihr Hunderte von Rosen schicken. Hält sich die Kaiserin in Bayern auf, fährt Ludwig mitten in der Nacht mit seiner prunkvollen Kutsche vor, küsst Elisabeths Hand minutenlang, lässt sich auf einer Seite des Tisches nieder und betrachtet sie stundenlang, ohne auch nur ein einziges Wort zu sprechen.

*Verdammt...schon wieder so eine rosige Bescherung!

Elisabeths größter Verehrer

Die Kaiserin im Irrenhaus

ICH NEIGE DAZU,
DIE LEUTE FÜR VERNÜNFTIG ZU HALTEN,
DIE MAN WAHNSINNIG HÄLT.

BLOOP

ICH BIN DIE KAISERIN
NICHT DIE DA!!

36

Elisabeth hasst es, im „Geschirr gekleidet" ihre kaiserlichen Ver-
pflichtungen zu erfüllen. Ihre „Haarwaschtage" sowie plötzlich
einsetzende Zahn- und Kopfschmerzen hindern sie am Besuch
von Krankenhäusern, Ausstellungen, Eröffnungen, Empfängen
und Ballveranstaltungen. Eine Ausnahme bilden Elisabeths
spontane Irrenhausbesuche.

Als die Kaiserin einmal die „ruhige Frauenabteilung" der
Landesirrenanstalt in Wien betritt, reißt ihr ein Mädchen
den Strohhut vom Kopf und schreit: „Was, die da will die
Kaiserin von Österreich sein? Ich bin doch die Kaiserin."
Daraufhin der Arzt: „Meine Liebe, natürlich sind Sie die
Kaiserin, aber Sie wissen doch, dass Sie als solche immer
das Hausrecht hochhalten und Gäste gut behandeln."
Das Mädchen: „Ja freilich, Sie haben recht."

Erzsébeth*, die gefeierte
Königin von Ungarn

Die Kaiserin interessiert sich grundsätzlich nicht für Politik. Eine Ausnahme bildet Ungarn. Elisabeth bevorzugt ungarische Hofdamen und Kammermädchen, die ein distanziertes Verhältnis zum Wiener Hofleben haben. Der ungarische Reichstagsabgeordnete Gyula Andrássy erfährt von den Sympathien der Kaiserin für Ungarn und setzt sein diplomatisches Geschick ein, um Elisabeth für die Wiedereinführung der ungarischen Verfassung zu gewinnen. Seine Rechnung geht auf. Aus dem Kaiserreich Österreich wird der Doppelstaat „Österreich-Ungarn", der mit der Krönung Franz Josephs zum König von Ungarn besiegelt wird.

Während der Krönungszeremonie in Budapest hat Elisabeth vor Freude Tränen in den Augen. Für kurze Zeit vergisst die strahlende Kaiserin ihre Abneigung gegen Zeremonien. Königin Erzsébeth wird vom ungarischen Volk geliebt, gefeiert und bejubelt.

MAMA, GLAUBST NICHT, DASS EIN KAMMERMÄDCHEN DEINE NÄHARBEIT ÜBERPRÜFEN SOLLTE?

Nach alter Tradition ist es die Aufgabe der Königin, die Krönungsgewänder eigenhändig zu flicken. Elisabeth soll auch die Füllung der Stephanskrone geflickt und der Kopfweite ihres Mannes angepasst haben.

* Erzsébeth = Elisabeth auf ungarisch

A KIRÁLYNÉRŐL ROSSZAT BESZÉLNEK, MERT SZERETI A HAZÁNKAT, S EZ SOSEM LESZ NEKI MEGBOCSÁJTVA!*

Schloss Gödöllö
Elisabeths neuer Lebensmittelpunkt

Die ungarische Nation schenkt dem Königspaar anlässlich der Krönung das etwa 30 km von Budapest entfernte Schloss Gödöllö. Dort lässt Elisabeth eine Manege bauen wie einst ihr Vater Max in München und arbeitet stundenlang mit Zirkuspferden. In Gödöllö wählt die Kaiserin ihre Gäste nicht nach ihrem Rang, sondern nach ihren Reitkünsten aus. Dabei handelt es sich um junge österreichisch-ungarische Reiter, um reiche Adelige, die ihr Leben auf Rennbahnen und Reitjagden verbringen. Nach jeder Treibjagd ist Elisabeth immer bester Laune und sehr liebreizend zu Franz Joseph, der regelmäßig aus Wien zu Besuch kommt.

SECHS STUNDEN OHNE PAUSE... ICH BIN TOT!!!

OH SISI, SO GLÜCKLICH UND ERHOLT HABEN WIR DICH SCHON LANGE NICHT MEHR GESEHEN!

Marie Valerie, die „Einzige"

QUETSCH

WÜRG

Elisabeth wird in ihrer Phase des Glücks auf Schloss Gödöllö zum vierten Mal Mutter. Diesmal ist sie fest entschlossen, ihre jüngste Tochter Marie Valérie immer bei sich zu behalten und mütterlich zu umsorgen. Wird die Kleine von Hofdamen zum Spaziergang abgeholt, so inszeniert die besorgte Mutter jedes Mal einen herzergreifenden Abschied. Schon bald erhält Marie Valérie den Spitznamen „die Einzige".

Über Marie Valéries ungarische Amme, die mit tiefer Männerstimme Volkslieder singt, vergnügt sich Elisabeth ganz besonders, weil diese eine panische Angst vor Mäusen hat, von denen es auf Schloss Gödöllö nicht wenige gibt.

ISTEN A MENNYEKBEN! EGY EGÉR!! *

PIEP...PIEP, HAB DICH LIEB!

* Gott im Himmel! Eine Maus!!

Sommer 1875

Baden und Reiten in Frankreich

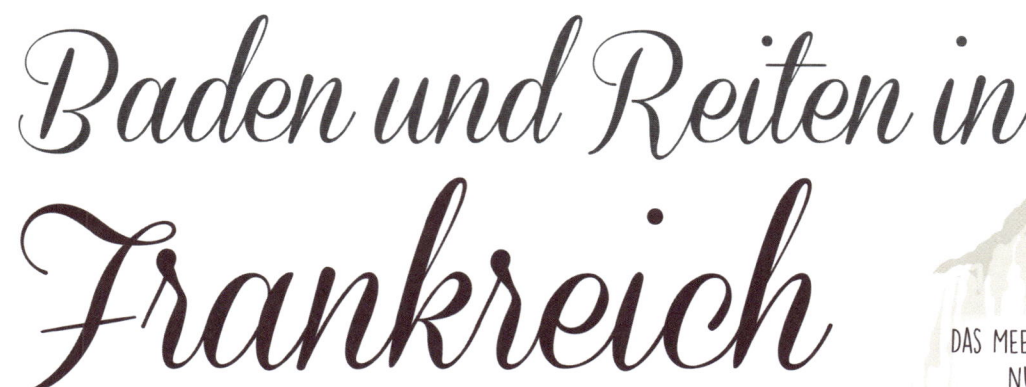

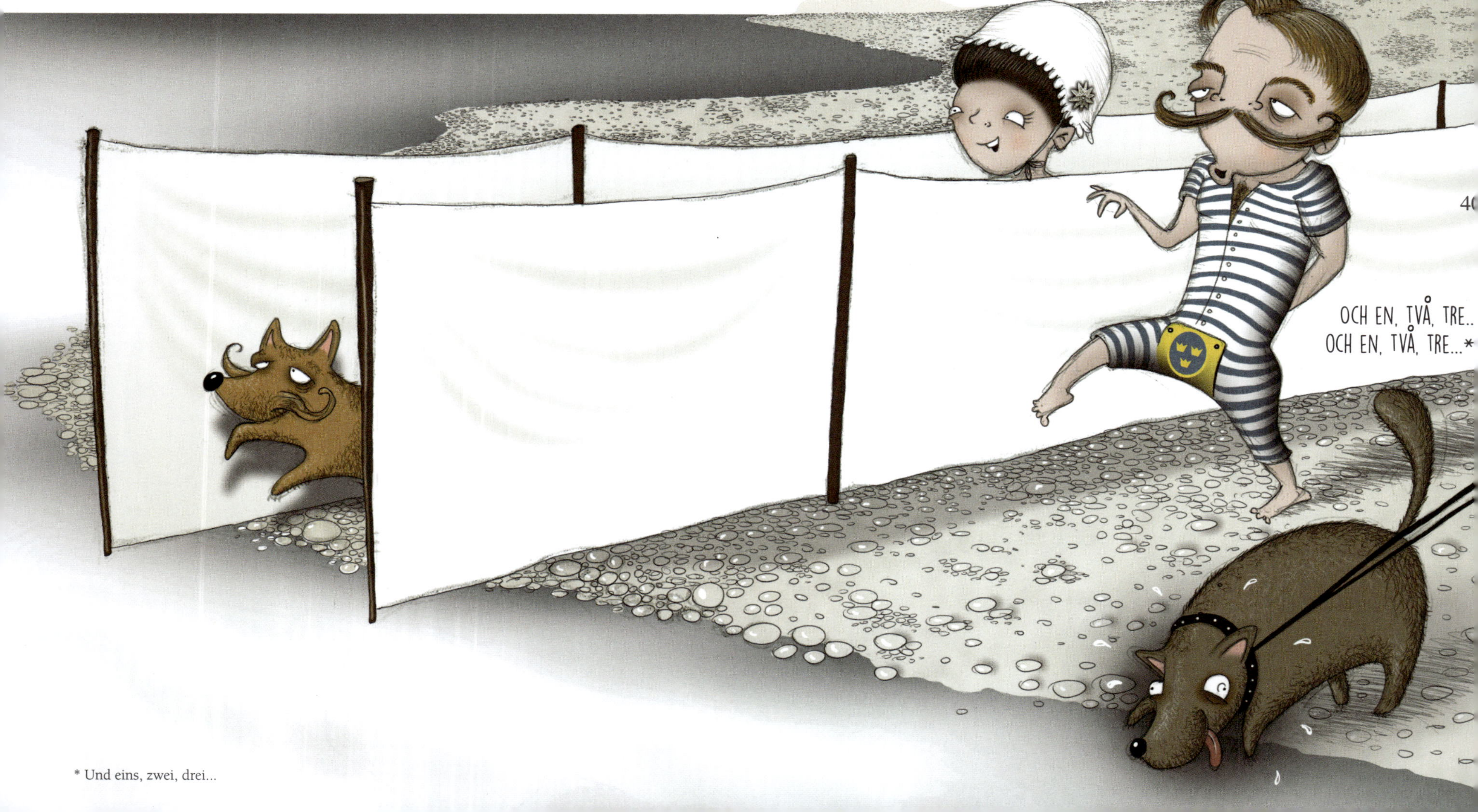
DAS MEER HIER IST SEHR RUHIG, ICH SCHWIMME ODER NEHME NUR EIN BAD, WEIL DAS UFER SEHR STEINIG IST.
OCH EN, TVÅ, TRE...
OCH EN, TVÅ, TRE...*

* Und eins, zwei, drei...

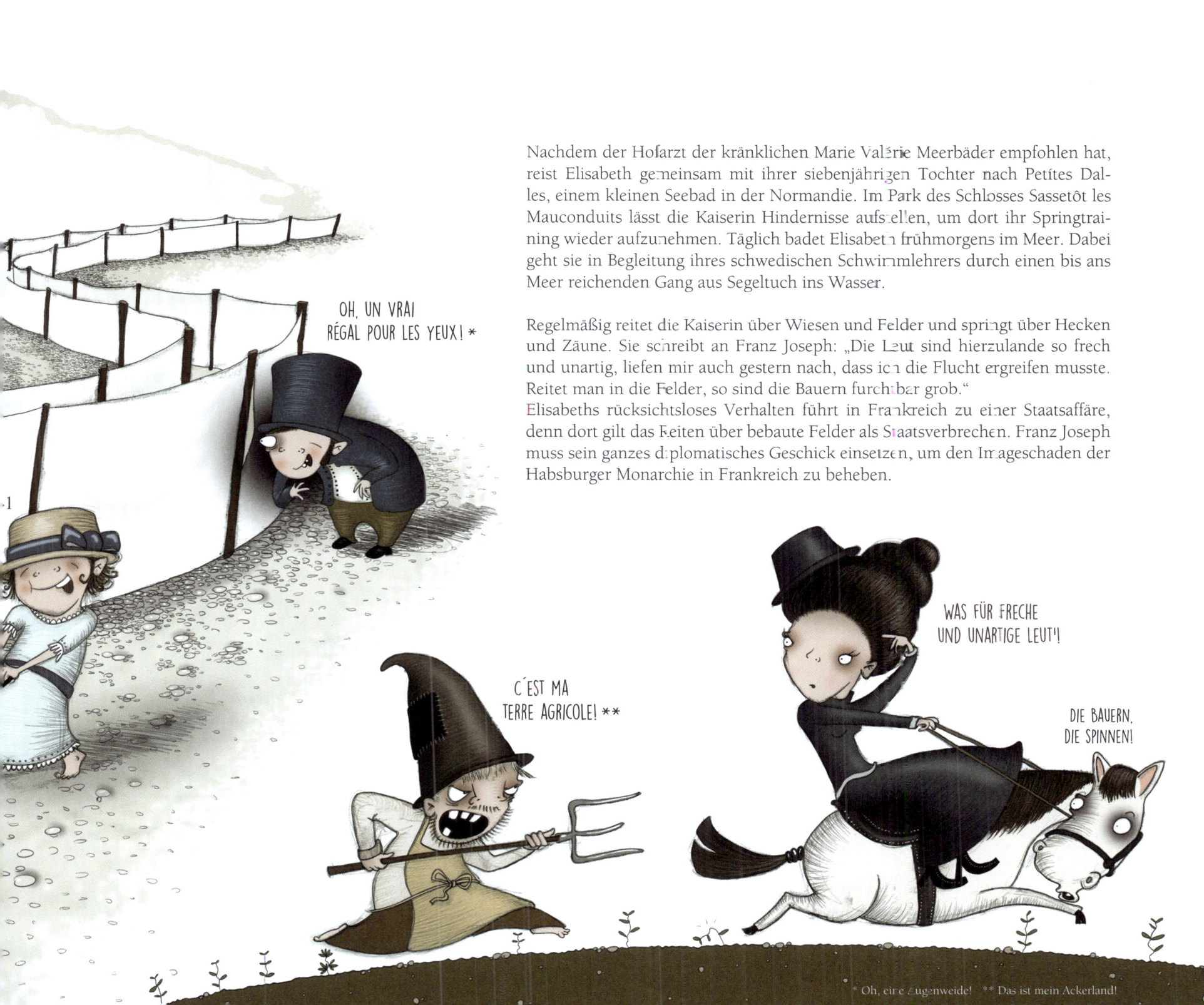

Nachdem der Hofarzt der kränklichen Marie Valérie Meerbäder empfohlen hat, reist Elisabeth gemeinsam mit ihrer siebenjährigen Tochter nach Petítes Dalles, einem kleinen Seebad in der Normandie. Im Park des Schlosses Sassetôt les Mauconduits lässt die Kaiserin Hindernisse aufstellen, um dort ihr Springtraining wieder aufzunehmen. Täglich badet Elisabeth frühmorgens im Meer. Dabei geht sie in Begleitung ihres schwedischen Schwimmlehrers durch einen bis ans Meer reichenden Gang aus Segeltuch ins Wasser.

Regelmäßig reitet die Kaiserin über Wiesen und Felder und springt über Hecken und Zäune. Sie schreibt an Franz Joseph: „Die Leut sind hierzulande so frech und unartig, liefen mir auch gestern nach, dass ich die Flucht ergreifen musste. Reitet man in die Felder, so sind die Bauern furchtbar grob."
Elisabeths rücksichtsloses Verhalten führt in Frankreich zu einer Staatsaffäre, denn dort gilt das Reiten über bebaute Felder als Staatsverbrechen. Franz Joseph muss sein ganzes diplomatisches Geschick einsetzen, um den Imageschaden der Habsburger Monarchie in Frankreich zu beheben.

OH, UN VRAI
RÉGAL POUR LES YEUX! *

WAS FÜR FRECHE
UND UNARTIGE LEUT'!

C'EST MA
TERRE AGRICOLE! **

DIE BAUERN,
DIE SPINNEN!

* Oh, eine Augenweide!   ** Das ist mein Ackerland!

HER MAJESTY IS WONDERFUL, ISN'T SHE? *

YES INDEED! **

„The Sporting Empress" in England

Während ihrer Aufenthalte in England und in Irland widmet sich Elisabeth vorwiegend der Reiterei. Die modischen Parforcejagden wecken ihren Ehrgeiz. Als einzige Frau im Damensattel begibt sich die Kaiserin Tag für Tag auf die Treibjagd nach Füchsen und Hirschen. Elisabeth ist sehr vergnügt. Alle Menschen in ihrer Umgebung reiten und jagen am Tag und tanzen am Abend in den zahlreichen Herrenhäusern.

TO BE OR NOT TO BE !!! ***

* Ihre Majestät ist wunderbar, nicht wahr? **Ja, sehr wohl! ***Sein oder nicht sein!!!

VON DER MÄRZSONNE UND VOM
WIND BIN ICH SO BRAUN GEWORDEN
WIE EIN HASE, UND MEIN GESICHT
IST VOLLER SOMMERSPROSSEN.

SAME PROCEDURE AS EVERY DAY. *

KEEP
CALM
AND
CARRY
ON

Die Kaiserin lässt vor einem großen Spiegel ein gesatteltes Holzpferd aufstellen, auf dem sie ihre maßgeschneiderten Reitkostüme anprobiert. Vor jeder Treibjagd wird sie von einem Schneider in ihre Kleider eingenäht. Diese Prozedur dauert oft eine ganze Stunde. Auf dem Kopf trägt Elisabeth einen niederen Zylinder. Ihre Hände sind von drei Paar Handschuhen überzogen. Ein Fächer ist immer dabei, um vor Schaulustigen das Gesicht zu verdecken.

* Die gleiche Prozedur wie jeden Tag.

Geheimnisvolle Reiterfee in Irland

DASS SICHER DU MIR MEINER GEDENKEST,
NIMM HIER DIESES TASCHENTUCH,
DER GNÄDIGEN ERHÖRUNG DU SCHENKEST,
ES TRÄGT IHREN NAMENSZUG!

GO RAIBH
MAITH AGAT! *

IS É SEO MO
HANDKERCHIEF! **

*Vielen Dank!   **Das ist mein Taschentuch!

Elisabeths Aufenthalte in Irland sind eine offene Provokation für Queen Victoria. Gerade zu dieser Zeit lehnen sich die armen katholischen Iren gegen die reichen anglikanischen Pächter auf. Ein irischer Lord kniet demonstrativ vor Elisabeth nieder, küsst in tiefer Ehrfurcht ihre Hand und begrüßt sie als katholisches Oberhaupt.

Die irische Landbevölkerung dekoriert die Dörfer mit Girlanden und kniet in ihren Sonntagskleidern am Straßenrand, wenn die Kaiserin wie eine geheimnisvolle Reiterfee an ihnen vorbeireitet. Die Taschentücher, die Elisabeth fallen lässt, werden von den Menschen wie ein teurer Schatz aufbewahrt.

ST. GEORGE?

AN É SEO A JOKE? **

GOD SAVE OUR GRACIOUS QUEEN!
LONG LIVE OUR NOBLE QUEEN!*

IN WIEN WÜRDE
DAS WOHL NICHT PASSIEREN.

Einmal landet die Kaiserin nach einem mächtigen Sprung mit ihrem Pferd über eine hohe Mauer im Innenhof eines katholischen Klosters. Der sich dort aufhaltende Abt erleidet dabei einen Todesschreck. Als Wiedergutmachung schenkt Elisabeth der Klostergemeinschaft eine Statue des Hl. Georg. Das Geschenk kommt jedoch bei den irischen Mönchen nicht gut an. Der Hl. Georg ist der Schutzheilige von England.

*Gott schütze unsere gnädige Königin! Lang lebe unsere edle Königin!   ** Ist das ein Witz?

Das Geschenk des Kaisers

1882 lässt die Kaiserin ihre Pferde verkaufen und gibt bekannt, dass sie aus Gesundheitsgründen die Reiterei ganz aufgeben will. Franz Joseph lässt in der Nähe von Schloss Schönbrunn für seine geliebte Sisi die Hermesvilla bauen und hofft, dass sie nun endlich in Wien sesshaft wird.
Doch Elisabeth fühlt sich zur Überraschung des Kaisers auch in dieser von aller Öffentlichkeit abgegrenzten Landvilla nicht wohl. Sie weigert sich, das riesige barocke Prunkbett zu benützen. Stattdessen zieht sie es vor, auf einer Matratze am Boden nahe dem Fenster zu schlafen, um von dort aus den Sternenhimmel zu beobachten.

WÄNDE ENGEN EIN.
ICH WILL DIE SONNE SCHAUN,
MICH AN DEN STERNEN FREUN!

46

Schwindende Schönheit

Mit Schrecken muss Elisabeth feststellen, dass ihre extreme Lebensweise in ihrem Gesicht merkliche Spuren hinterlassen hat. Um den Alterungsprozess der Haut aufzuhalten, lässt sie Tinkturen und Cremes aus Indien importieren. Über Nacht trägt die Kaiserin eine mit rohem Rindfleisch ausgelegte Ledergesichtsmaske. Den Hals und die Hüften umwickelt sie mit in Wasser getränkten Tüchern.
Mit Fächer und Schirm ausgerüstet verbirgt Elisabeth ihr Gesicht mit eiserner Konsequenz vor der neugierigen Öffentlichkeit.

ICH LIEBE MEIN FRAUCHEN VOR ALLEM WEGEN IHRER LECKEREN GESICHTSMASKEN!

ICH WOLLT`, DIE LEUTE LIESSEN MICH
IN RUH UND UNGESCHOREN.
ICH BIN JEDOCH NUR SICHERLICH
EIN MENSCH, WIE SIE GEBOREN.

Elisabeth sucht namhafte europäische Kurorte auf, um sich zu erholen und ihren Alterungsprozess zu verlangsamen. Vor allem wegen ihrer Ischiasschmerzen in den Beinen fährt sie wiederholt zur Badekur nach Bad Gastein.

Dort wohnt die Kaiserin gemeinsam mit ihrer Tochter Marie Valérie und einem Teil ihrer Dienerschaft in der Villa Helenenburg oberhalb des Zentrums des so genannten „Wolkenkratzerdorfs". Das heilende Thermalwasser lässt sich Elisabeth täglich in hölzernen Bottichen auf Pferdefuhrwerken herantransportieren. Doch trotz ihrer Fußschmerzen lässt sie es sich nicht verbieten, ausufernde Spaziermärsche und Bergtouren zu machen. Die Kaiserin meidet Spaziergänge im Zentrum von Bad Gastein, weil sie dort auf Schritt und Tritt von neugierigen, mit Operngläsern und Feldstechern bewaffneten Kurgästen verfolgt wird.

Ist der Kaiser auf Besuch in Bad Gastein, so muss er sich – so wie immer – ganz dem Tagesplan seiner Gattin unterwerfen. Franz Joseph notiert in seinem Brief: „Wir leben unendlich gleichförmig. Vor 8 Uhr steige ich in die Helenenburg, wo ich mit der Kaiserin nach dem Bade und ihrer ersten kurzen Promenade, frühstücke, nach dem ich schon nach meinem frühen Aufstehen einen Kaffee genommen habe. Dann gehe ich wieder ins Badschloss herunter, wo der Kurier gegen ½ 10 Uhr eintrifft. Ich arbeite bis gegen 3 Uhr, worauf ich abermals zur Helenenburg hinaufsteige, um mit der Kaiserin zu speisen."

EIN KAISER, DER IMMER SEINER
FRAU NACHLAUFEN MUSS...
MIR BLEIBT DOCH GAR NICHTS ERSPART!

Katharina Schratt
Die offizielle Freundin...

Die Burgschauspielerin Katharina Schratt ist Anfang dreißig, mollig, fröhlich und unbekümmert. Der Kaiser ist von der Frau begeistert und sieht in ihr ein echtes Wiener Kind. Elisabeth fördert die neue Bekanntschaft ihres Gemahls mit der verheirateten Schauspielerin. Sie lässt sogar ein Portrait von Katharina malen, das sie Franz Joseph zum Geburtstag schenkt.

und Wegbegleiterin des Kaisers

Elisabeth ist froh, dass Franz Joseph mit Katharina Schratt versorgt ist. So kann sie weiterhin ihre eigenen Wege gehen. „Die Ehe ist eine widersinnige Einrichtung. Als fünfzehnjähriges Kind wird man verkauft und tut einen Schwur, den man nicht versteht und nie mehr lösen kann", so die nüchterne Aussage der Kaiserin.

Franz Joseph trifft sich täglich mit Katharina Schratt im Park von Schloss Schönbrunn zum Spaziergang. Er schenkt ihr Juwelen und Liegenschaften, bezahlt ihre Garderobe und Spielschulden. Zudem erhält Katharina Schratt für ihre Dienste eine jährliche finanzielle Vergütung von 30.000 Gulden.

Die Ehe ist eine WIDERSINNIGE EINRICHTUNG

...IN DEN PARK ?

Elisabeth, die „trauernde Mutter"

Kronprinz Rudolf hat ein gespanntes Verhältnis zu seinem Vater. Er ist unglücklich verheiratet und hat kaum Kontakt zu seiner Mutter. Am 30. Januar 1889 findet ein Kammerdiener den Thronfolger leblos im Jagdschloss Mayerling auf. Neben ihm liegt die Leiche seiner Geliebten Mary Vetsera.

Elisabeth persönlich übermittelt dem Kaiser die Todesnachricht ihres Sohnes und führt Katharina Schratt als Trostspenderin zu ihrem Gemahl. Einige Tage nach dem Begräbnis, dem die Kaiserin ferngeblieben ist, lässt sie sich um Mitternacht in die Kapuzinergruft führen. Elisabeth ruft vor dem durch Fackeln erhellten Sarg zweimal den Namen Rudolf. Gespenstisch hallt ihre Stimme durch das Gewölbe, aber nichts passiert. Die von ihr erhoffte Antwort aus dem Jenseits bleibt aus.

ICH WANDLE EINSAM HIN AUF DIESER ERDE, DER LUST, DEM LEBEN LÄNGST SCHON ABGEWANDT;
ES TEILT MEIN SEELENLEBEN KEIN GEFÄHRTE, DIE SEELE GAB ES NIE, DIE MICH VERSTAND.

Nach Rudolfs Tod inszeniert Elisabeth einen großen Ausverkauf ihrer bisher mondänen Lebensweise, indem sie ihre Kleider, Schirme, Schuhe, Tücher, Taschen, Pelze und ihren Schmuck an ihre Töchter an Verwandte und Freunde verschenkt. Als immer in schwarz gekleidete „Mater Dolorosa" will nun die Kaiserin den Rest ihres Lebens fern allen höfischen Prunkes verbringen.

Wandern und Bergsteigen in
Meran

HUSCH, HUSCH
...MACH MICH NICHT ZUM ESEL!

IN SONNENHITZ BIS ZUR HÖCHSTEN FELSENSPITZ
STEIG`TÄGLICH ICH HINAN
OB`S DONNERT AUCH UND STÜRMT UND BLITZT,
OB DROBEN GRAUER NEBEL SITZT,
WAS HÄNGT MIR WOHL DARAN.

ICH KANN NICHT MEHR!

ICH WILL NICHT
MEHR!

ICH KANN AUF DEN HÖCHSTEN UND EINSAMSTEN HÖHEN DER BERGE
ATMEN, FREIER ATMEN,
WO ANDERE SICH VERLOREN FÜHLEN WÜRDEN.

JA SEL WERD SEIN!*

Nach Rudolfs Tod versucht Elisabeth ihre depressiven Stimmungen durch Bergwanderungen in Tirol zu lindern. Von Schloss Trauttmansdorff, wo die Kaiserin mit ihrem Gefolge nicht zum ersten Mal logiert, bricht sie regelmäßig mit Hofdamen und Leibarzt zu ausgedehnten Wanderungen auf. Wenn es ihre von Ischias geplagten Beine erlauben, erklimmt Elisabeth mit ihren Bergführern herrliche Gipfel in der Umgebung von Meran.

ICH BIN
VERLOREN!!!

*Ja, das ist wahr!.

Korfu

Ein Lebenstraum auf Zeit

Genauso wie in den Bergen findet Elisabeths kranke Seele am Meer die ersehnte Ruhe. Auf der Insel Korfu verbringt sie viel Zeit mit Spaziergängen im Schatten der Olivenhaine, mit Bootsfahrten und Bädern im Meer. Am liebsten sitzt sie gemeinsam mit ihren Hunden auf den großen Steinen am Strand und lässt den sich spiegelnden Mondschein auf sich wirken.

Die einmalige Atmosphäre weckt in ihr den Wunsch, sich verstärkt der Dichtkunst zu widmen. Von dem deutschen Dichter Heinrich Heine, der sie ganz besonders inspiriert, lässt sie auf Korfu ein Standbild errichten.

DAS MEER IST HEUTE WIE EIN SEE. SO HEIMISCH FÜHLE ICH MICH, DASS ICH AN DEN STARNBERGER SEE UND AN POSSENHOFEN DENKEN MUSS.

Die Kaiserin ist von Korfu so sehr begeistert, dass sie dort die Villa Achilleion mit 128 Räumen erbauen lässt. Doch kaum ist das Traumschloss fertig, verliert sie auch schon wieder ihr Interesse daran.

Wenn Reisen zu Irrfahrten werden

Elisabeth wird immer ruheloser. Ist sie mit der Yacht oder der Eisenbahn irgendwo in Europa angekommen, so äußert sie den Wunsch wieder abzureisen. Elisabeths Begleiter müssen mit ihrer Herrin auf dem Schiffsdeck oder im Salonwagen der Eisenbahn immer hin- und herwandern, weil sie nicht stillsitzen kann. An Bord des Schiffes nimmt die Kaiserin ihr gewohntes Morgenbad an Deck. Das erfordert besonderen Sicht-

schutz mit Zelten. Damit das Badewasser nicht überschwappt, muss der Kapitän die Maschinen stoppen. Zur Versorgung mit Frischmilch werden meist zwei Kühe und eine Ziege mit auf die Reise genommen. Elisabeth liebt es, bei Sturm und Regen an Deck zu bleiben, um die stürmische See direkt und unmittelbar mitzuerleben.

WARUM MUSS ICH ZUR SEE
UND DARF NICHT AUF DIE ALM?

Venedig, Klagenfurt, Vicenza, Verona, Brescia, Mailand, Mantua, Görz, Laibach, Budapest, Jászberény, Debreczin, Mariazell, Kloster Admont, Bisamberg, Triest, Ischl, Mürzzuschlag, Reichenau, Bamberg, Mainz, Antwerpen, Madeira, Gibraltar, Mallorca, Malta, Korfu, Kissingen, Feldafing/Possenhofen, Dresden, München, Zürich, Tokay bei Andrássy, Regensburg, Salzburg, Schaffhausen, Romanshorn, Lindau, Garatshausen, Gödöllő, Ofen, Agram, Ancona, Rom, Neuberg, Mürzsteg, Straßburg, Le Havre, Insel Wight, Ventnor, Osborne, London, Boulogne, Baden-Baden, Pardubitz/Böhmen, Fecamp, Sassetot-les-Mauconduits/Normandie, Paris, Towcester, Athen, Göding, Combermere/Cheshire nach Cottesbrook/Northamptonshire, Tegernsee, Irland/Summerhill, Brüssel, Worms, Heilbronn, Amsterdam/Zandvoort, Trier und Koblenz, Roseninsel, Zell am See, Eisenerz, Lacroma, Lissa, Santa Maura, Patras, Korinth, Zante, Milo, Santorin, Dardanellen, Troja, Smyrna, Rhodos, Zypern, Port Said, Alexandria, Ithaka, Herkulesbad, Rumäni Seebad Cromer, Albanien, Leuka, Bournemouth, Bayreuth, Missolunghi, Madonna di Campiglio, Mendel, Meran, Messina, Palermo, Tunis, Mayerling, Wiesbaden, Porto, Lissabon, Tanger, Oran, Algier, Korsika, Ajaccio, Marseille, Toulon, Cannes, Monaco, Mentone, Livorno, Florenz, Pompeji, Capri, Neapel, Schloss Lichtenegg bei Wels, Sizilien, Korinth, Athen, Ägypten, Rigi, Luzern, Interlaken, Messina, Balearen, Valencia, Malaga, Granada, Cadiz, Sevilla, Barcelona, Villefranche, Riviera, Turin, Territet Comer See, Genua, Algerien, Alicante, Cap Martin, Bad Vöslau, Biskra, Constantine, Aix-les-Bains, Biarritz, Schwalbach, Bozen, Karersee, Wallsee, San Remo, Brückenau, Nauheim, Mannheim, Homburg, Frankfurt, Caux, Pregny, Genf.

DIE REISEZIELE SIND NUR DESWEGEN BEGEHRENSWERT,
WEIL DIE REISE DAZWISCHEN LIEGT. WO IMMER ICH WÄRE,
WENN MAN MIR SAGEN WÜRDE, ICH MÜSSTE IMMER DORT BLEIBEN,
DANN WÜRDE AUCH DAS PARADIES FÜR MICH ZUR HÖLLE WERDEN.

Die Dame in Schwarz...

Elisabeth ist nun fast sechzig Jahre alt. Von ihrer Schönheit ist nicht mehr viel übrig, die Füße sind geschwollen und Krankheiten plagen sie als Folge ihres sprunghaften Lebensstils. Ihr einstmals schwebender Gang ist jetzt langsam und müde. „Ich fühle mich wie achtzig Jahre", meint sie einmal, unglücklich darüber, dass sie ihre körperliche Leistungsfähigkeit eingebüßt hat, auf die sie immer so stolz gewesen ist.

Die allgemeine Neugier, einen Blick auf die einstmals schönste Frau zu werfen, ist nach wie vor groß. Doch nur in den seltensten Fällen gelingt es, ein brauchbares Foto von der Kaiserin mit der Kamera festzuhalten.

ICH FÜHLE MICH WIE ACHTZIG JAHRE!

KLICK!

WIR SIND NICHT ERFREUT, VON DIESEN NEUMODISCHEN APPARATEN ABGELICHTET ZU WERDEN!

KLICK!

mit Fächer und Schirm

Als Fürst Alfons Clary-Aldringen und seine Schwester die schwarze, schmale Gestalt der Kaiserin am Genfer See sehen, stellen sie sich ihr in den Weg „und siehe da, weil kein Erwachsener in der Nähe ist, öffnet die Kaiserin diesmal nicht den Fächer! Meine Schwester macht einen Knicks und ich meinen schönsten Bückling; sie lächelt uns freundlich zu – aber ich bin wie aus den Wolken gefallen, denn ich sehe ein mir uralt vorkommendes Gesicht voller Runzeln." Als die Kinder ihrer Großmutter von der Begegnung erzählen, sagt sie feierlich:

„KINDER VERGESST NIE DIESEN TAG, AN DEM IHR DIE SCHÖNSTE FRAU DER WELT GESEHEN HABT!"

ABER GROSSMAMA,
IHR GESICHT IST JA VOLLER RUNZELN!

WUMM

AUAA!!....
JETZT WERD ICH DEN TAG
NICHT MEHR VERGESSEN!

Das Attentat

„ICH WOLLTE MEINE SEELE ENTFLÖGE ZUM HIMMEL DURCH EINE GANZ KLEINE ÖFFNUNG DES HERZENS."

Diesen Wunsch äußert Elisabeth in Gegenwart der Baronin Rothschild am 9. September 1898. Am Tag darauf will sie um 13 Uhr mit dem Linienschiff von Genf nach Montreux fahren. Sie trinkt im Hotel Beau-Rivage noch einen Becher kuhwarme Milch, um dann mit ihrer Hofdame zur Bootsanlegestelle aufzubrechen.

Vor dem Hotel wartet Luigi Lucheni, ein italienischer Anarchist. Er hat in Erfahrung gebracht, dass die österreichische Kaiserin, als Fürstin Hohenembs getarnt, sich in Genf aufhält. Als sich die zwei schwarz gekleideten Damen ihm nähern, stürzt er sich auf sie, schaut blitzschnell noch unter den Sonnenschirm und sticht mit voller Wucht mit einer spitzen Feile der Frau ins Herz. Der Täter wird noch an Ort

und Stelle von Passanten festgehalten und der Polizei übergeben. Elisabeth steht gleich nach dem Schlag wieder auf und will sich die in Unordnung geratenen Haare und den Hut richten sowie das Kleid abstauben. Doch dafür ist die Zeit zu knapp. So erreichen die Kaiserin und ihre Begleiterin gerade noch das Schiff am Genfer See.

62

Elisabeth gleitet plötzlich langsam zu Boden. Beim Öffnen ihres Mieders kommt ein winziger rotbrauner Fleck zum Vorschein. Die Kaiserin kommt noch einmal für einen kurzen Moment zu Bewusstsein und fragt ein letztes Mal: „Was ist denn eigentlich geschehen?" Die Schwerverletzte wird auf einer improvisierten Tragbahre ins Hotel zurückgebracht. Alle Wiederbelebungsversuche scheitern. Um 14.40 Uhr stellen die Ärzte ihren Tod fest. Marie Valérie schreibt gefasst in ihr Tagebuch: „Nun ist es gekommen, wie sie es immer wünschte, rasch, schmerzlos, ohne ärztliche Beratungen, ohne lange, bange Sorgentage für die Ihren."

CHI NON LAVORA NON MAN GIA*

* Wer nicht arbeitet, soll auch nicht essen (Lucheni beendete sein Bekennerschreiben mit diesem handgeschriebenen Satz.)

Die Welt steht unter Schock

EXTRABLATT! EXTRABLATT!
DIE KAISERIN ERMORDET!!!

Das Attentat in Genf löst in den Tagen nach der Tragödie nicht nur in Wien und Budapest, sondern in weiten Teilen der österreichisch-ungarischen Monarchie, in ganz Europa und der Welt für kurze Zeit ein großes Medienecho aus. Von der Weltöffentlichkeit ist Elisabeth immer bewundert worden. Die Untertanen sind ihrer ständig abwesenden Kaiserin aber mit zunehmendem Befremden begegnet. Sie haben jetzt vor allem Mitleid mit ihrem allseits beliebten, pflichtbewussten Kaiser.

Ein Mythos wird geboren

Elisabeths Leiche langt mit einem Sonderzug am Abend am Westbahnhof in Wien ein, von wo aus ein 8-spänniger Leichenwagen den Sarg der Kaiserin zur Hofburg transportiert. Um jeden Laut zu ersticken, sind Pflaster und Schienen in Sand gebettet worden. Der sich geräuschlos fortbewegende Trauerzug durch die Dunkelheit der Stadt wird von den frei züngelnden Flammen der Gaslaternen entlang der Straßen gesäumt. Menschentrauben verdichten sich am Straßenrand. Die kleinen Vorgärten der Cafés und Restaurants sind schon seit Stunden überfüllt, die Leute sitzen dicht aneinandergedrängt da, um einen Blick auf den Trauerzug zu erhaschen. Durch die Menschenmenge drängen sich Verkäufer, die mit Trauerschriften, Bildern der Kaiserin, Gedenkmünzen und umflorten Sträußchen ein gutes Geschäft machen wollen.

Die Menschen stellen sich in langen Schlangen bei der Aufbahrung der Leiche an. Sie alle hoffen, einen letzten Blick auf das Gesicht der toten Kaiserin zu werfen. Doch zu ihrer Enttäuschung ist der Sarg geschlossen. Warum sollte Elisabeth, die so erfolgreich jahrzentelang ihr Gesicht vor der Öffentlichkeit verborgen hat, gerade zu dieser Stunde ihr Antlitz noch einmal freigeben?

Zwölf Tage nach ihrer Ermordung wird der Sarg der Kaiserin in die Kapuzinergruft getragen. Die Träger verlassen das Grabgewölbe. Es bleiben nur mehr der Kaiser, Kardinal Gruscha und der Pater Guardian der Kapuziner zurück. Franz Joseph kniet nieder und nimmt ein letztes Mal von Elisabeth Abschied.

MEINE FRAU, DIE ZIERDE MEINES THRONES,
DIE TREUE GEFÄHRTIN, DIE MIR IN DEN SCHWERSTEN STUNDEN
MEINES LEBENS TROST UND STÜTZE WAR –
AN DER ICH MEHR VERLOREN HABE, ALS ICH AUSZUSPRECHEN VERMAG. *

* Auszug aus dem Handschreiben Kaiser Franz Josephs „An meine Völker!" vom 15. September 1898.

Und Sissi lebt weiter...

PSST, DIE ANDERE MASKE LASSEN WIR AM BESTEN VERSCHWINDEN!

SEHT HER, WIE SCHÖN SIE WAR, UNSERE KAISERIN!!!

Der polnische Bildhauer Alfred Mostig zeichnet noch im Hotel in Genf das Gesicht der toten Kaiserin und modelliert zwei sehr unterschiedliche Masken. Seine offizielle, von dem Kaiserhaus freigegebene Variante stellt ein idealisiertes Gesicht der Kaiserin dar, das im Laufe der späteren Jahrzehnte vor allem in unzähligen Standbildern in ganz Europa verfeinert wird und – ganz im Sinne von Elisabeth – ihre jugendliche Schönheit für immer und ewig in die Köpfe der Menschen zementiert.

Somit ist das eingetreten, was Elisabeth noch zu Lebzeiten treffend formulierte: „Wenn mich jemals die Zeit berührt, werde ich mich verschleiern und die Leute werden von mir sprechen als Frau, die ich einst war."

(1901)
GÖDÖLLÖ (UNGARN)

(1901)
PRESOV (SLOVAKEI)

(1901)
ARAD (UNGARN, HEUTE RUMÄNIEN)

(1903)
MERAN (SÜDTIROL/ITALIEN)

(1907)
WIEN

(1908)
KORFU (GRIECHENLAND)

(1912)
TRIEST (ITALIEN)

(1932)
BUDAPEST (UNGARN)

(1955)
SISSI „DER FILM"

(1992)
ELISABETH „DAS MUSICAL"

(1998)
GENF (SCHWEIZ)

(1908)
MADEIRA (PORTUGAL)

(1908)
FÖSSENHOFEN (BAYERN/DEUTSCHLAND)

„WIE SIE WIRKLICH WAR UND WAS AN
IHR SO ANZIEHEND UND BEZAUBERND
WIRKTE, DAS KANN KEIN MEISSEL UND
KEIN PINSEL WIEDERGEBEN, DAS WAR
NUR IHR EIGEN.
SIE WIRD IN DER LEGENDE
FORTLEBEN,
NICHT IN DER GESCHICHTE."

HOFDAME
THERESE VON FÜRSTENBERG

2018

20..
?

KUHMILCH ODER ZIEGENMILCH?

GLURPF

Sissi und ihre Schönheitspflege und Ernährungsgewohnheiten

Sissi verabscheute alles Modrige und Staubige, das physische Altsein und die Dunkelheit. Dagegen liebte sie das Licht, die Sonne, die Jugend, die Schönheit und die Kunst. Großen Wert legte sie auf Natürlichkeit und weniger auf Parfüm und Schmuck. Vor allem ihre Nase war sehr empfindlich. So vertrug sie nicht den Geruch von Kleinkindern und verabscheute die „überparfümierten" Damen und Herren. Nur der Duft von Rosen und Veilchen war ihr angenehm. War Sissi auf Reisen, so wurden ihre Pflegeprodukte regelmäßig per Telegramm in Wien bestellt und ihr nachgeliefert.

Zeitweise ernährte sie sich nur von gepresstem rohen Hühner-, Rebhuhn-, Reh- und Ochsenfleischextrakt oder nahm nichts anderes zu sich als Eier, Orangen und frische Milch. Ihre angeschwollenen Füße, bei denen es sich um Hungerödeme handelte, bekämpfte Sissi mit zusätzlichen Diäten.

Als der Hofarzt einmal Sissi rügte, nachdem er erfahren hatte, dass sie den ganzen Tag hindurch nur sechs Orangen gegessen hatte, antwortete sie: „Aber ich nehme doch an Gewicht zu." Worauf er erwiderte: „Natürlich, Majestät, weil sich in den Geweben infolge Unterernährung Wasser ansammelt."

Sissi und ihr Anker-Tattoo

Am 3. Dezember 1888 schrieb Marie Valérie in ihr Tagebuch: „Ich redete gerade mit Mama, als Papa eintrat und mich fragte, ob ich wohl schon über die furchtbare Überraschung geweint habe, dass sich nämlich Mama einen Anker auf die Schulter einbrennen ließ, was ich sehr originell und gar nicht so entsetzlich finde." Tätowierungen waren im 19. Jahrhundert nicht nur Matrosen, Hafenarbeitern und Menschen der Unterschicht vorbehalten. Auch der Adel liebte bereits Tattoos. So ließ sich beispielsweise Ende des 19. Jahrhunderts der Großteil der weiblichen amerikanischen Oberschicht tätowieren.

Sissi bildete somit nicht die große Ausnahme. Wie groß ihre Anker-Tätowierung war und wie sie genau ausgesehen hat, ist nicht überliefert.

Sissi und ihre Zähne

Es war allgemein bekannt, dass Sissi unregelmäßige, vor allem gelbe Zähne hatte. Ihre zukünftige Schwiegermutter Sophie ermahnte die frisch Verlobte, ihre Zähne öfter und besser zu putzen, woraufhin kurze Zeit später der verliebte Franz Joseph am 17. Oktober 1853 an seine Mutter schrieb: „Ihre Zähne sind auch, dank ihrer Fürsorge, ganz weiß geworden, so dass sie wirklich allerliebst ist."

Es kursierte das Gerücht, dass Elisabeth ein künstliches Gebiss getragen haben soll. Eindeutige Belege, welche diese Tatsache bestätigen, gibt es nicht. Im Obduktionsbefund der Kaiserin wurden ausdrücklich ihre „guten Zähne" („bonne dentation") hervorgeho-ben, was eine Zahnprothese nicht ausschließt. Sissi hat ihren Makel zeitlebens verborgen, indem sie beim Sprechen den Mund kaum öffnete. Daher war ihre Aussprache undeutlich, ja kaum verständlich. Wann immer sich die Gelegenheit bot, hielt sie einen Fächer oder ein Tüchlein vor den Mund. Somit galt auch für die schöne Sissi: „Nobody is perfect."

Kronprinzessin Viktoria erinnerte sich, wie Sissi einmal einen schwerhörigen Herrn fragte: „Sind Sie verheiratet?" Er antwortete: „Manchmal." Sissi fragte weiter: „Haben Sie Kinder?" Und der Unglückliche brüllte: „Von Zeit zu Zeit!"

Sissi und die Kosten für den Kaiser

Ehekontrakt, Art. 6, Regelung der jährlichen Apanage der Kaiserin:

„Desgleichen versprechen Seine kaiserlich königliche Majestät Ihrer allerdurchlauchtigsten Frau Gemahlin während der Ehe zu ihrem eigenen Gebrauche und freien Verwendung alljährlich die Summe von 100.000 Gulden Conventions Münze in monatlichen Raten bar auszahlen zu lassen. Diese Summe soll lediglich für Putz, Kleider, Almosen und kleinere Ausgaben dienen, indem alle übrigen Kosten und Auslagen für Tafel, Wäsche und Pferde, Unterhalt und Besoldung der Dienerschaft und sämmtliche Hauseinrichtung von Seiner Majestät dem Kaiser bestritten werden."

Der Ehevertrag sicherte Sissi ein sorgloses Leben. Nach dem Tod von Kaiser Ferdinand, dessen Erbe Franz Josef antrat, standen ihr jährlich sogar 300.000 Gulden zur Verfügung. Zudem zahlte Franz Joseph geduldig und ohne zu klagen jede Rechnung für den bis zu 100 Personen starken Reisetross der Kaiserin, für Guts- und Jagdhäuser, für Paläste in Wien und auf Korfu, für neue Eisenbahnschienen zum Transport ihrer Pferde sowie für die Errichtung von Turnzimmern und Wendeltreppen, die direkt von Sissis Schlafzimmer in den Garten führten.

Vor allem Sissis Seereisen und mehrwöchige Jagdabenteuer in Frankreich, England und Irland waren eine kostspielige Angelegenheit. Allein auf der kaiserlichen Yacht Miramar versahen 14 Offiziere und 144 Mann Besatzung ihren Dienst. Sissis mehr als ein halbes Jahr dauernder Aufenthalt auf Madeira kostete dem Kaiserhaus 188.935 Gulden 18 ½ Kreuzer und Sissis erste Englandreise 105.300 Gulden. Zum Vergleich kostete die Bepflanzung der Wiener Ringstraße 80.000 Gulden.

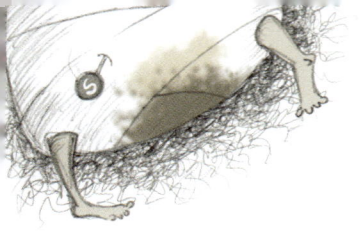

Sissi und ihre Kinder

Sissi war im Alter von 20 Jahren bereits Mutter von drei Kindern. Trotz ihres Widerstandes musste sie Sophie, Gisela und Rudolf – ganz nach der Tradition der Habsburger – der genannten „Kindskammer" übergeben. Nach dem plötzlichen Tod von ihrer Erstgeborenen Sophie wurde die verzweifelte Sissi von Selbstvorwürfen geplagt und gab ihren Widerstand in Erziehungsfragen auf. Das hatte zur Folge, dass Gisela, Rudolf und ihre Mutter keine gegenseitige Vertrautheit aufbauen konnten und sich so ihr ganzes Leben lang fremd blieben. In Sissis Toi-

lettenzimmer standen drei Heine-Portraits, aber kein einziges Bild von ihren Kindern Gisela und Rudolf.

Ganz anders war das Verhalten von Sissi, als sie in Gödöllö, fern vom Wiener Hof, zum vierten Mal Mutter wurde. Mit übertriebener Sorge und Umsicht hegte und pflegte sie ihre jüngste Tochter, sodass diese von allen „Valérie die Einzige" genannt wurde. Dass Gisela und vor allem Rudolf eifersüchtig auf das Verhalten ihrer Mutter der kleinen Schwester gegenüber reagierten, ist durchaus verständlich.

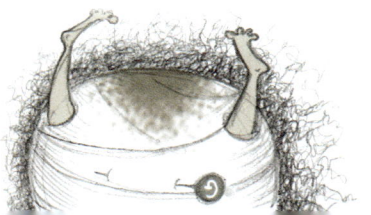

UNGARISCH
GRIECHISCH
ENGLISCH
FRANZÖSISCH

Sissi und ihre Sprachstudien

Sissi sprach bereits in ihrer Jugendzeit sehr gerne Englisch mit ihrer Schwester Helene. Sie liebte Shakespeare, vor allem den „Sommernachtstraum", mit dessen Heldin Titania sie sich restlos identifizierte. Vor allem in der ungarischen und neugriechischen Sprache wollte sie eine solche Perfektion erreichen, dass sie nicht nur literarische Texte verstehen, sondern auch schreiben konnte. Sissi las ungarische Zeitungen und Bücher, diskutierte stundenlang mit Politikern, Privatlehrern und Journalisten. Auch ihre Hofdamen, denen sie ihr Vertrauen schenkte, stammten vorwiegend aus Ungarn Während ihrer letzten Lebensjahre vertiefte sich Sissi in die Welt antiker Mythen, las die „Odyssee" und war besonders von Achilles angetan. Sie las altgriechische Literatur und beschäftigte dafür verschiedene Griechischlehrer, junge „Exo-

ten und Sonderlinge", die Franz Joseph schon deshalb nicht leiden konnte, weil seine Gemahlin in seinen Augen zu viel Zeit mit ihnen verbrachte. Er gab jedem Einzelnen von ihnen wenig schmeichelhafte Namen wie: „der Schreiende", „der Bucklige", „der Großhaxerte" und „der Parfümierte". Die an der Seite Sissis marschierenden Lehrer mussten täglich vier bis fünf Stunden lang abwechselnd Englisch, Französisch und Griechisch vorsprechen.
Frederic Barker erinnerte sich:
„Es gab Tage, da ich zwölf Stunden sprach, sang, vorlas. Ich las im Gehen, ich rezitierte, mitunter setzten wir uns und ich sang griechische Schäferlieder oder Gedichte zur Gitarre. Sie plauderte griechisch, französisch oder englisch mit mir."

Sissi und ihre Dichtkunst

Je mehr sich Sissi in die poetische Welt hineinversetzte, desto einsamer wurde sie. Als Dichterin fühlte sie sich in der direkten Nachfolge des von ihr glühend verehrten Heinrich Heine. Sie war der Überzeugung, dass der Geist des Dichterfürsten ihr beim Dichten die Eingebungen vermittelte. In vielen Gedichten stellte sie die Welt einer einsamen Melancholikerin und einer zerrissenen Romantikerin dar. Sissi brachte ihre Gedichte, die sie auf mehreren hundert Seiten gesammelt hatte, in die Schweiz, um sie vor dem Zugriff des Wiener Hofes zu schützen.

1887 schrieb Marie Valérie in ihr Tagebuch, dass ihre Mutter im „Sinnen und Dichten" endlich eine befriedigende Aufgabe gefunden habe. Gar kein Verständnis hatte Franz Joseph, er nannte Sissis Dichtungen abwertend „Wolkenkraxeleien".

...WOLKENKRAXELEIEN!

Sissi und ihre geschönte Darstellung

Da Sissi nach ihrem 40. Geburtstag photographische Aufnahmen von sich verboten hatte, entwickelte man die Retusche zur Perfektion. Frühe Photographien wurden immer wieder verändert, dem jeweiligen Alter der Kaiserin „angepasst".

Verwendete Literatur

Wladimir Aichelburg: K.u.K Yachten und Yachtclubs Österreich-Ungarns in alten Photographien, Wien 1996.
Egon Caesar Conte Corti: Elisabeth. „Die seltsame Frau", Graz-Wien, Köln 1934.
Constantin Christomanos: Tagebuchblätter. Erinnerungen des Hauslehrers von Kaiserin Elisabeth, Wien 2007.
Sigrid-Maria Größing (1): Sisi – Eine moderne Frau, Wien 2007.
Sigrid-Maria Größing(2): Sisi und ihre Männer, Wien 2008.
Sigrid-Maria Größing: Elisabeth aus dem Hause Wittelsbach, Wien 2013.
Brigitte Hamann (Hg.): Kaiserin Elisabeth. Das poetische Tagebuch, Wien 1984.
Brigitte Hamann (Hg.): Elisabeth. Bilder einer Kaiserin, Wien-München 1986.
Brigitte Hamann: Elisabeth. Kaiserin wider Willen, Wien 1998.
Reinhard Heydenreuter: Spuren der Wehmut. Kaiserin Elisabeths Reisen durch das alte Europa, Regensburg 1998.
Evelyn Knappitsch: (Nach-)Blicke auf die Kaiserin. Zur Konstruktion von „Sisi"-Bildern in der Wiener Presse um 1900, Graz 2012.
Laurenz Krisch: Kaiserin Elisabeth als Kurgast in Wildbad-Gastein, Bad Gastein 1998.
Michaela Lindinger: „Mein Herz ist aus Stein" Die dunkle Seite der Kaiserin Elisabeth, Wien 2013.
Matray Maria/Answald Krüger: Das Attentat. Der Tod der Kaiserin Elisabeth und die Tat des Anarchisten Lucheni, München 1998.
Ludwig Merkle: Sissi. Die schöne Kaiserin, München 1996.
Peter Müller: Auf Reisen mit Sisi, Wien 2002.
Gabriele Praschl-Bichler: Das Familienalbum von Kaiser Franz Joseph und Elisabeth, Wien 1995.
Gabriele Praschl-Bichler: Unsere liebe Sisi. Die Wahrheit über Erzherzogin Sophie und Kaiserin Elisabeth, Wien 2008.
Rudolf Reiser: Kaiserin Elisabeth. Das andere Bild von Sissi, München 2007.
Josef Rohrer: Sissi in Meran. Kleine Fluchten einer Kaiserin, Wien-Bozen 2008.
Martha und Horst Schad (Hg.): Marie Valérie. Das Tagebuch der Lieblingstochter von Kaiserin Elisabeth von Österreich, München 1998.
Irma Sztáray: Aus den letzten Jahren der Kaiserin Elisabeth, Wien 2004, S. 227-230.
Johannes Thiele: Elisabeth. Ihr Leben, ihre Seele, ihre Welt, Wien 2011.
Katrin Unterreiner: Sisi. Kaiserin Elisabeth von Österreich. Ein biografisches Porträt, Freiburg-Basel-Wien 2010.
Juliane Vogel: Elisabeth von Österreich. Momente aus dem Leben einer Kunstfigur, Wien 1992.
Gudula Walterskirchen/Beatrix Meyer: Das Tagebuch der Gräfin Marie Festetics. Kaiserin Elisabeths intimste Freundin, St. Pölten-Salzburg-Wien 2014.

Literatur- & Bildnachweis

Seite 4 Schad, S. 270 **6** Corti, S. 11f. **8/9** Corti, S. 14f.; Größing, S. 126; Größing2, S. 19; Hamann, S. 25 **9** Corti, S. 13f.; Größing, S. 125 **10** Corti, S. 20f.; Größing, S. 134; Hamann, S. 18f.; Merkle, S. 20; Thiele, S. 32; Unterreiner, S. 17 **12** Corti, S. 30f.; Größing, S. 135; Heydenreuter, S. 97f.; Hamann, S. 30 **14** Hamann, S. 68 **15** Corti, S. 48-52; Hamann, S. 42, 56f., 67-69.; Merkle, S. 14, 30, 37; Vogel, S. 10 **16** Corti, S. 49; Größing1, S 64; Hamann, S. 69; Unterreiner, S. 25 **18** Corti, S. 53f.; Größing, S. 138; Größing1, S. 63; Hamann, S. 82f.; Merkle, S. 38f.; Unterreiner, S. 31; Vogel, S. 10f. **19** Corti, S. 57; Hamann, S. 79 **20** Corti, S. 59f.; Größing, S. 139; Hamann, S. 112f., S. 116f.; Unterreiner, S. 37; Walterskirchen, S. 133 **23** Corti, S. 92f.; Hamann, S. 135f.; Praschl-Bichler, S. 198; Untereiner, S. 45f. **24** Corti, S. 121; Größing2, S. 65; Hamann, S. 150; Unterreiner, S. 124 **26** Größing, S. 143; Größing2, S. 19; Hamann, S. 167, S. 201; Merkle, S. 72 **27** Heydenreuter, S. 68 **28** Größing2, S. 134; Hamann, S. 348f.; Lindinger, S. 134; Walterskirchen, S. 203f. **29** Heydenreuter, S. 90; Lindinger, S. 139, S. 138; Unterreiner, S. 82 **30** Christomanos, S. 50; Corti, S. 197; Größing1, S. 188; Hamann, S. 197f.; Vogel, S. 95f.; Unterreiner, S. 80 **32** Corti, S. 241; Größing, S. 216; Größing2, S. 85f., 105; Schad, S. 25; Unterreiner, S. 112 **35** Größing1, S. 102, S. 188; Hamann, S. 196f.; Lindinger, S. 87f.; Merkle, S. 48; Unterreiner, S. 80 **36** Corti, S. 109, 115, 126, 129, 155, 162; Größing2, S. 171; Hamann, S. 251 **38** Corti, S. 206, 209; Hamann, S. 262, 316f., 320; Unterreiner, S. 58-63 **39** Corti, S. 173-177, 204; Größing2, S. 122 **40** Corti, S. 246f.; Hamann, S. 327; Heydenreuter, S. 207f.; Vogel, S. 163 **41** Corti, S. 247; Größing1, S. 143; Hamann, S. 327; Heydenreuter, S. 207 **42/43** Corti, S. 263; Heydenreuter, S. 235f.; Unterreiner, S. 68f. **44/45** Größing2, S. 134; Hamann, S. 348f.; Walterskirchen, S. 203f. **46** Hamann, S. S. 425f.; Heydenreuter, S. 119f.; Lindinger, S. 28f.; Unterreiner, S. 101 **47** Größing, S. 145; Größing1, S. 190f.; Merkle, S. 48; Unterreiner, S. 78 **48** Krisch, S. 18, 31, 41; Reiser, S. 96 **49** Größing, S. 140; Größing1, S. 162; Reiser, S. 96; Schad, S. 75 **50** Corti, S. 305; Größing, S. 142f.; Hamann, S. 492f.; Lindinger, S. 164f. **51** Corti, S. 386, S. 402; Hamann, S. 492; Merkle, S. 98 **52** Corti, S. 368-373; Hamann, S. 517, S. 544; Unterreiner, S. 139 **53** Größing1, S. 249; Hamann, S. 556; Lindinger, S. 191 **54/55** Corti, S. 386f.; Christomanos, S. 119; Heydenreuter, S. 138; Walterskirchen, S. 104 **56/57** Christomanos, S. 127; Corti, S. 101, S. 337; Hamann, S. 474; Heydenreuter, S. 197, S. 263f., S. 276; Vogel, S. 25 **58** Größing, S. 140f.; Größing1, S. 202; Hamann, S. 562, S. 566f.; Heydenreuter, S. 281-287; Lindinger, S. 203; Thiele, S. 213; Vogel, S. 68 **60** Corti, S. 435f.; Hamann, S. 558, 574; Lindinger, S. 30f. **61** Hamann, S. 574 **62/63** Corti, S. 452f.; Größing2, S. 223; Hamann, S. 590f.; Sztaray, S. 227f. **66** Christomanos, S. 145; Knappitsch, S. 51; Thiele, S. 284 **67** Knappitsch, S. 41; Thiele, S. 286 **68:** Lindinger, S. 240 **70** Corti, S. 251; Größing1, S. 190; Merkle, S. 53; Thiele, S. 149; Unterreiner, S. 75; Vogel, S. 120 **71** Schad, S. 156 **72** Hamann, S. 193; Thiele, S. 38; Unterreiner, S. 81 **73** Merkle, S. 94; Praschl-Bichler, S. 198; Schad, S. 208; Thiele, S. 39, 197 **74** Corti, S. 177; Größing, S. 139; Thiele, S. 97, 105; Unterreiner, S. 37 **75** Heydenreuter, S. 39f.; Lindinger, S. 25; Thiele, S. 112, S. 119, S. 169 **76** Corti, S. 211; Hamann, S. 314f.; Lindinger, S. 29; Walterskirchen, S. 136 **77** Thiele, S. 153.

Bildnachweis
Seite 5 Franz Xaver Wintherhalter (wikimedia commons) **50** Heinrich von Angeli (wikimdia commons)

Autoren

Norbert Parschalk

Studium der Geschichte, der Germanistik, der Allgemeinen Pädagogik und der Didaktik an Universitäten Innsbruck und Bozen.
Von 1994 bis 2012 Lehrtätigkeit in den Fächern Geschichte, Deutsch und Philosophie an Südtiroler Oberschulen.
Seit 2012 Dozent im Bereich „Didaktik der Geschichte" an den Universitäten, Bozen, Innsbruck, Mainz, Augsburg und Hildesheim.
Seit Oktober 2017 Forscher im Bereich Geschichtsdidaktik und Zeitgeschichte an der Fakultät für Bildungswissenschaften der Freien Universität Bozen.
„Als Buchautor bin ich immer bestrebt, Geschichte vereinfacht und historisch korrekt so zu vermitteln, dass sich interessierte Menschen auf humorvolle Weise über geschichtliche Persönlichkeiten und Ereignisse informieren können. Kaiserin Elisabeth hat mich mein Leben lang begleitet: auf den Wanderungen in und um Meran, beim Studium an der Universität, bei meinem Geschichtsunterricht in der Schule sowie bei meinen Lehrveranstaltungen an der Universität.
Ich widme dieses Buch meinem 2013 verstorbenen Vater Ernst Parschalk, der mit seinen spannenden Erzählungen – auch über die Kaiserin Sissi – die Begeisterung für Geschichte in mir geweckt hat."

Jochen Gasser

Abschluss der Lehranstalt für Werbegraphik in Brixen (I) im Jahr 2000,
Geschichtelehrer war in dieser Zeit unter anderen Norbert Parschalk :-)
2001-2017 Besuch verschiedener Illustratorenkurse.
Seit 2009 selbständig als freischaffender Illustrator und Zeichner.
Lebt und arbeitet zur Zeit in Wien.
„Ich liebe Charaktere... besonders gezeichnete."
Ein besonderer Dank gilt meiner gesamten Familie, ohne deren Unterstützung dieses Projekt nicht realisierbar gewesen wäre.

www.jochengasser.com

Weitere gemeinsame Publikationen

2008 **Andreas Hofer** - eine illustrierte Geschichte"
(Verlag WEGER: ISBN: 978-88-88910-72-7)

2012 **Michael Gaismair** - eine illustrierte Geschichte"
(Verlag WEGER: ISBN: 978-88-6563-051-8)

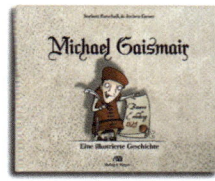

IMPRESSUM
© Verlag A. Weger, Brixen (info@weger.net)
Konzept und Texte: Norbert Parschalk (nparschalk@gmail.com)
© Zeichnungen: Jochen Gasser (www.jochengasser.com)
Grafische Gestaltung: Jochen Gasser
Druck: A. Weger, Brixen 2018
ISBN 978-88-6563-213-0 (deutsch)
ISBN 978-88-6563-214-7 (italienisch)
ISBN 978-88-6563-215-4 (englisch)